# ORLANDO PEDROSO

## CHARGES, CARTUNS E ILUSTRAÇÕES

- VOLUME I -

MINOTAURO

Antes do advento da era digital, o ambiente virtual era feito de tinta e papel.

No início dos anos 1980, cada novo desenhista ou *designer* bebia na experiência acumulada de muitas gerações de pintores, fotógrafos, cineastas, cartunistas e programadores visuais, buscando desenvolver seu estilo próprio na arte de combinar textos, imagens e ideias, que depois corriam o mundo em livros, revistas, cartazes, embalagens e uma infinidade de materiais impressos.

Orlando explorou por diversos ângulos esse fascinante universo gráfico, das oficinas às redações de jornal. Artista inquieto, ao mesmo tempo pragmático e experimentador, soube conciliar os objetivos da comunicação eficaz e a pressão de ambientes dinâmicos de trabalho com a independência do criador que sabe que aquele espaço em branco diante de si, em última instância, é livre e é seu.

Por razões de terminologia profissional, costuma-se pensar que "ilustrador" e "cartunista" sejam coisas separadas. Talvez porque, em geral, a ilustração encontra-se atrelada a um texto com o qual dialoga, e o cartum contenha em si mesmo a ideia que o anima. Também é comum supor – erroneamente – que o desenho de humor pode ser simples e pobre, mero veículo da mensagem humorística (o que é fácil contestar, pois o desenho errado pode matar a piada).

Mas o que Orlando demonstra nesta coletânea

É a imensa plasticidade da arte que domina: o humor gráfico. As técnicas usadas e os efeitos obtidos são variadíssimos, como se cada desenho fosse uma nova oportunidade de improvisar e brincar. Suas criações percorrem um amplo espectro de gêneros, da charge que satiriza o acontecimento político ao cartum de costumes, da fina ironia ao humor curto e grosso. Há desenhos mais elaborados que provocam uma espécie de efeito poético e convidam o leitor a divagar nas granulações e texturas, mas, mesmo nestes, nunca faltam a concisão e a ironia.

Sente-se, em todos eles, a marca do ambiente nervoso em que vieram à luz: a redação de jornal. Era preciso ter certo "calo" profissional para bolar e executar um ou vários desenhos no calor do fechamento das edições diárias, no matraquear das máquinas de escrever e aos gritos de "desce" para chamar o contínuo que levava as artes para a fotomecânica no andar de baixo. Resposta rápida, criação e improviso, eram o que se exigia do artista gráfico nas trincheiras do jornalismo impresso.

Se a era digital se apropriou do protagonismo do mundo de papel e tinta, hoje as relações humanas estão mais visuais que nunca, e o humor, na forma de memes, é presença obrigatória nas redes sociais. Afinal, como disse um filósofo, o homem é o único animal que ri – mesmo sem ter muitas razões para isso.

A arte de Orlando, humorista gráfico e ilustrador, prossegue tanto nas páginas impressas como em páginas de luz.

Spacca, cartunista e autor de quadrinhos

ORLANDO PEDROSO
Charges, cartuns e ilustrações


AUTOR: Orlando Pedroso

DIRETOR DA ALMEDINA BRASIL: Rodrigo Mentz
EDITOR: Marco Pace
EDITOR DE DESENVOLVIMENTO: Rafael Lima
PRODUTORA EDITORIAL: Erika Alonso
ASSISTENTES EDITORIAIS: Letícia Gabriella Batista e Tacila Souza
ESTAGIÁRIA DE PRODUÇÃO: Natasha Oliveira
REVISÃO: Adriane Gozzo

PROJETO GRÁFICO DE CAPA E MIOLO: Estúdio Bala
ISBN: 9788563920683
Outubro, 2023

**Dados Internacionais de Catalogação na Publicação (CIP)**
**(Câmara Brasileira do Livro, SP, Brasil)**

Pedroso, Orlando
Orlando Pedroso : charges, cartuns e ilustrações : volume I / Orlando Pedroso. -- São Paulo, SP : Minotauro, 2023.

ISBN 978-85-63920-68-3

1. Charges 2. Humor 3. Sátira brasileira I. Título.

23-177194 CDD-741.59

**Índices para catálogo sistemático:**

1. Charges 741.59

Tábata Alves da Silva - Bibliotecária - CRB-8/9253

Este livro segue as regras do novo Acordo Ortográfico da Língua Portuguesa (1990).



EDITORA: Almedina Brasil
Rua José Maria Lisboa, 860, Conj.131 e 132, Jardim Paulista | 01423-001
São Paulo | Brasil
www.almedina.com.br

NA UTI

ALLEGRO MA NON TROPPO

NATAL DE PC
FSP 04.12.93
QUER PARTICIPAR DO AMIGO-SECRETO?

Ô, ALMEIDA, FAZ TEMPO QUE NÃO TE VEJO. TÁ SUMIDO?
É, ANDO MEIO APAGADO ULTIMAMENTE.
orlando.

VÂMO PARAR DE ZOAR AÍ, FAZ FAVOR?
orlando.

BORRACHEIRO
24 HORAS
AGORA SÓ FALTA INVENTAREM A RODA.
orlando

orlando
FALA ALGUMA COISA.
A COLA ACABOU.

VOCÊ NÃO VAI PEGAR UM CARRINHO?
AH, NÃO PRECISA...
EU TROUXE O DO MEU MARIDO.

O MAR É UMA CRIANÇA
DO QUE AS MINHAS BONEQUINHAS ESTÃO BRINCANDO?
DE CANAPÉS, MAMÃE.
orlando.

orlando.

CONCERTO SEM CONSERTO
UM, DOIS, TRÊS E...
PUF!
QUEM FOI O ENGRAÇADINHO QUE TROCOU MINHA BATUTA OUTRA VEZ?
CROC!
Orlando.
ILUSTRADA

SINTO MUITO, MINHA SENHORA, NÃO É RINITE. VAMOS TER QUE TROCAR O CORINHO MESMO.
orlando

ILUSTRADA

O SINTOMA
DOUTOR, SINTO MINHA PERNA FORMIGANDO O TEMPO TODO.
HUM... VAMOS VER.
COMO IMAGINAVA! NÃO É FORMIGA. É CUPIM.
ILUSTRADA — TRAÇO

FSP 17.09.93
7.6 CM
12,5
orlando

orlando.

PARA: PAULO /MARCO — EDITORIA DE ARTE

ILUSTRAÇÃO PÁG 3

# URGENTE!

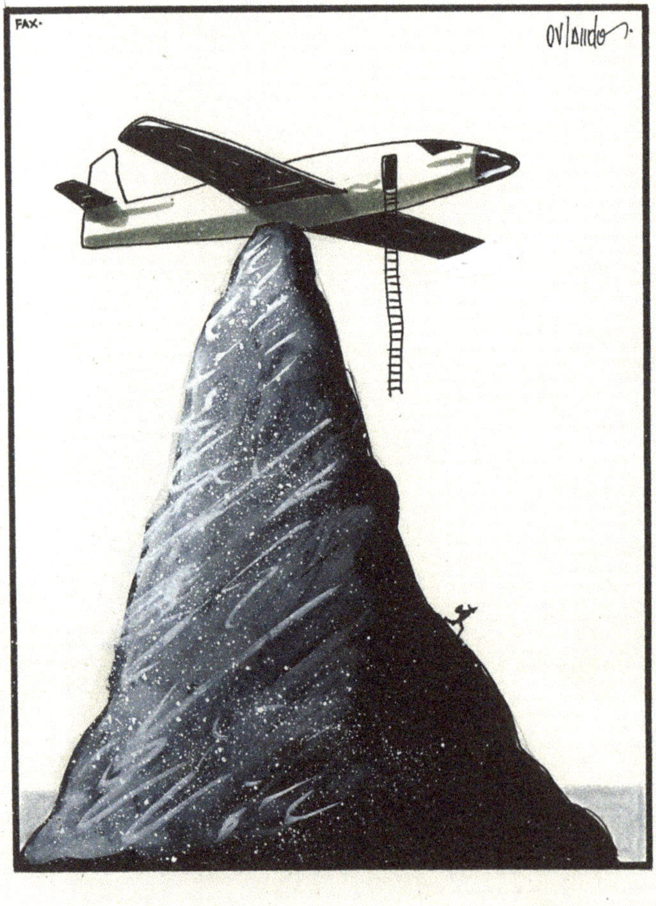

orlando.
5,9 CM

DANTE
orlando.

CINEMA CHINÊS TAMBÉM TEM SUAS DIFICULDADES
CINEMA CHINÊS NÃO É SÓ UM MAR DE ROSAS
CORTA!
QUEM BOTOU AQUELE JAPONÊS ALI NO MEIO?

INHOOOO
CONSEGUI!
CONSEGUI!
orlando
52,4%
49%

O PANO DO DIABO
ELE NUNCA FOI PRESO A CONVENÇÕES.
orlando.

NÃO FALEI QUE ESTE COZINHEIRO DARIA VIDA NOVA AOS NOSSOS PRATOS?
orlando.

CONFESSE.
FOI VOCÊ QUE
ENVENENOU
AQUELE CARRO.
orlando.

QUE HORROR ESTÁ ESSE BRASIL, MEU DEUS!
AH, DESLIGA HONEY
CLIC!
Orlando.

orlando

DOIS É POUCO
orlando
ILUSTRADA

OS PERIGOS DO ESOTERISMO
AS CHAVES!
NÃO ACREDITO!
Eu acredito em Duendes
orlando

orlando

EU NÃO ACREDITO COMO VOCÊ ENROLA PRA SE APRONTAR!
orlando.

09.04.94 · 5/12
O SENHOR É MEU LOCUTOR NADA ME FALTARÁ
SENHOR, TODAS AS RÁDIOS EVANGÉLICAS ESTÃO AQUI. QUER NOS DIZER ALGO?
SIM. ONDE ESTÁ A TV?
orlando.
ILUSTRADA SÁBADO

ENQUANTO ISSO, NO SENADO....
SENHORES, QUEIRAM RETIRAR-SE. É UMA SESSÃO PRIVADA!
orlando.

FOMINHA.
orlando.

Charges · Orlando
FSP · 07 · 05 · 94 · 5/12

32
orlando

EU VEJO! EU VEJO! VEJO UM FUTURO BRILHANTE PARA O BRASIL!
EU SABIA! EU SABIA! EU SABIA!
MAS VOCÊ NÃO VAI ESTAR LÁ PARA VER.
EU SABIA.

AQUI, DESTE LADO, O PRESÍDIO ESTADUAL.
E QUAL É O ESTILO?
SUÍÇO.
orlando.

TUF!
PUTZ! TIVE UMA IDEIA!
orlando.

IMPEACHMENT
FORA COLLOR
TUC
TUC

POC!
VAI SER UM ANO DIFÍCIL, COM CERTEZA.

ALGUM PROBLEMA, ITAMAR?
PRECISAMOS AGIR RÁPIDO!
orlando.

MINISTROS
MELHOR TESTAR?
NEM ADIANTA. ELES QUEIMAM LOGO...
TESTE
orlando.

AH, O VERÃO!
CHUÁÁÁ!!
NÃO, NÃO! CHEGA!
CHEGA, POR FAVOR!
SINTO MUITO! 2ª-FEIRA A GENTE QUASE SE AFOGA DE TANTO TRA-BALHO, NÉ?
orlando

orlando.

JURASSIC PARK
PARQUE DOS DINOSSAUROS
BILHETERIA
DUAS
orlando.

A SAGA DO LOBISOMEM

orlando

Charge - Orlando
FSP 13.12.93

NA OFICINA

AMIGO, POR FAVOR?
ALÔ, AMIGO!
Ô SURDO! TÔ FALANDO COM VOCÊ!
DESCULPE, FUI LAVAR AS MÃOS.

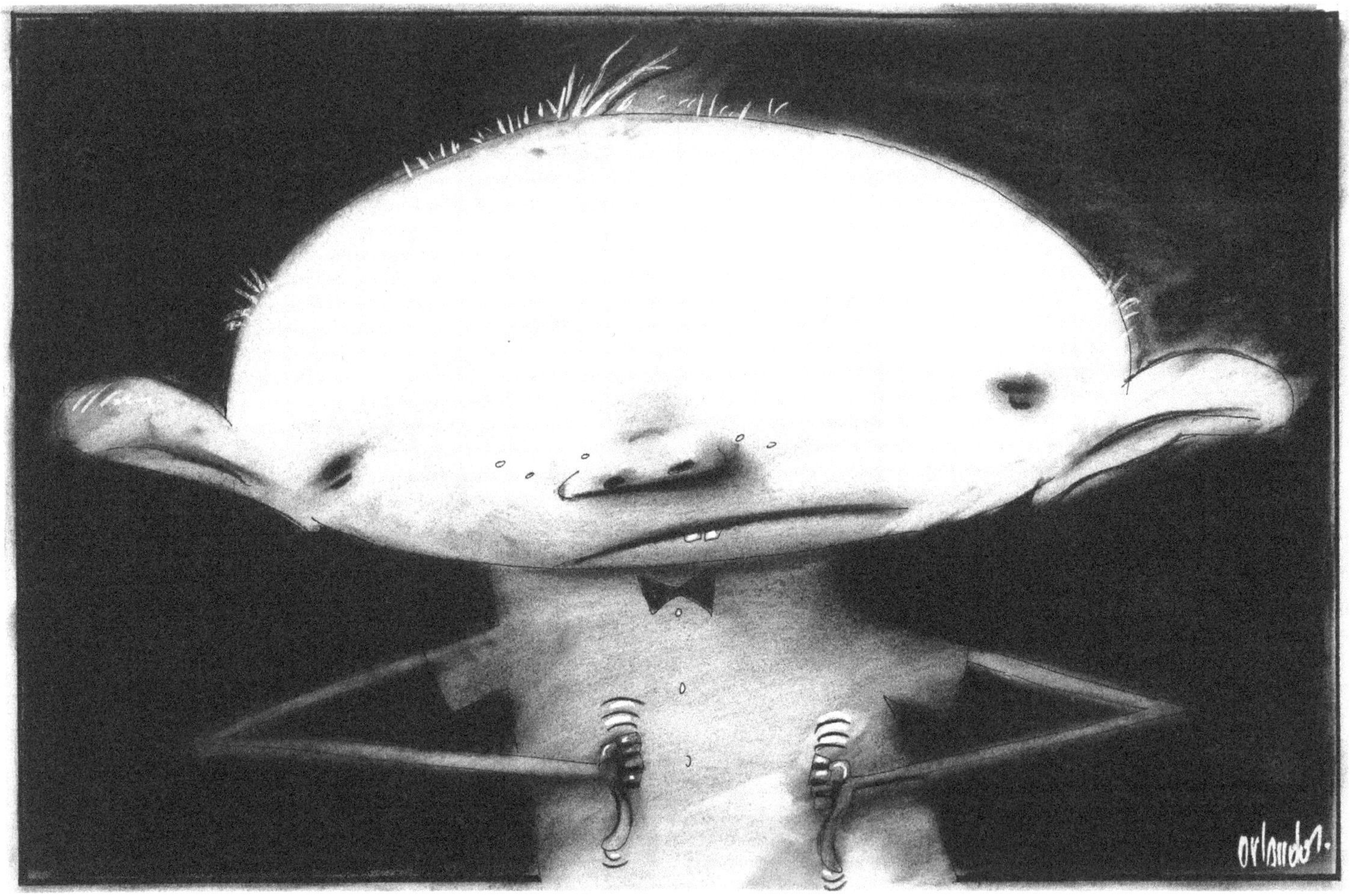
orlando.

FSP. 22.12.93

orlando

O APERTO
Xiiiiiiii
orlando.

PROGRESSO
SR. PRESIDENTE, AQUI ESTÁ NOSSO PLANO DE DESEN-VOLVIMENTO PARA O SEMESTRE.
HUMMM... ÓTIMO, PONHA-O EM PRÁTICA.
TUP!
orlando.
Charges - Orlando
FSP 27.04.94 - 5/10
ILUSTRADA - 4ª FEIRA

PC ABRE ASSESSORIA EM MACEIÓ
SR. PC, SEUS PRIMEIROS CLIENTES CHEGARAM,
ÔIS!

SEM AS MÃOS!

orlando

orlando.

Charges - Urbanas

FSP - 08.03.94 - 5/10

SANTA TECNOLOGIA, BATMAN!

3ª FEIRA

VÍCIO

Charges - Orlando
FSP- 05.10.94

26/10/93 MOSTRA REÚNE OBRAS DE VOLPI

Charges - Orlandi
FSP - 05·03·97 - 5/10

ILUSTRADA

orlando.

orlando
16,3 cm
FOTO 1
PÁG.A-3
FSP
49½
RETICULAGEM NORMAL

orlando.

orlando

orlando

orlando

orlando

A leitura dos jornais, para mim, sempre começou pela página das tirinhas. Era ali que encontrava o resumo do que estaria nos editoriais e em longas reportagens, sob uma perspectiva concisa e debochada. Condensadas em três ou quatro quadrinhos, às vezes, em apenas um, as notícias mais importantes do dia, ora da miséria do mundo, ora a das desgraças da alma, traduzidas com ácido humor.
Com o passar do tempo, passei a consumir drogas mais fortes: charges e cartuns. Um caminho sem volta para o mundo do desenho humorístico.

Decretaram o fim dos jornais, coisa que ainda não aconteceu, mas essas formas de arte visual ganharam mais fôlego no mundo digital, para onde muitos de nós migraram. Hoje, dividem espaço com *memes*, sem perderem o refinamento bem-vindo da crítica. Ganharam, com esse irmão mais novo, *status* contemporâneo, que apenas sua linguagem é capaz de alcançar, com o poder de se espalhar rapidamente como um vírus do humor. Não à toa, o termo viralizar se incorporou ao nosso vocabulário e reflete precisamente a capacidade que cartuns, charges e *memes* têm de comunicação por meio da linguagem universal do humor e da cultura *pop*.

Só mesmo um artista atento às transformações no mundo para imprimir em sua obra tendências que conversem e sejam atraentes ao público contemporâneo, que consome e descarta informação com a mesma voracidade. Orlando domina os paranauês

Dessa comédia instantânea da era digital, por meio de desenho e texto, fazendo com que, muitas vezes, sejam inseparáveis, mas em tantas outras possam ter carreiras solo, viver relações não monogâmicas, assim como na comédia da vida privada do século XXI.

Enquanto charges são o espelho do absurdo, espelho que nos faz rir de nossas próprias desgraças, cartuns trafegam nas profundezas do imaginário. Orlando é mestre nessas expressões artísticas que reproduzem, de forma certeira, uma colagem de referências culturais, fundem o passado e o presente, realidade e fantasia, criando um resultado único. E, se "uma imagem vale mais que mil palavras", como diz um provérbio chinês, coube ao também desenhista Millôr Fernandes lembrar que "uma imagem vale por mil palavras, mas diga isso sem as palavras".

É um comediante de stand up das artes visuais, aquele que assume a árdua missão de não poupar ninguém - políticos, celebridades, minorias, gente comum com os infortúnios do cotidiano - e faz parte dessa trupe que é a língua afiada da sociedade, o chicote de nossas vaidades, de nossos pecados. Faz de todos alvos num mundo em que piada virou ofensa. Se organizar direitinho, todo mundo fica ofendido. Acaba o humor, acaba a charge, acaba o cartum, acaba o artista. Morre a arte. Espero não estar aqui neste dia. Espero ver mais Orlando e sua turma por aí.

Mariliz Pereira Jorge é jornalista, roteirista
e tem a coleção completa de Calvin e Haroldo,
em inglês e português

OPS!
orlando.
JAN
2015

ELE TEM CARA DE SER MUITO CARA DE PAU.
SIM. CARA DE PAU GRANDE.
ABR 2019

O QUE EU MAIS DETESTO NA CADEIA?
A HORA DO BANHO DE SOL.
NEN 2018

E AÍ, FINGIU GOSTOSO HOJE DE NOVO?
NOSSA, MUITO. E VOCÊ?
TAMBÉM. DELÍCIA.
orlando JUN 2019

JESUS, ARMADO?
EU NÃO SOU DEUS, NÉ?
PRECISO ME CUIDAR.
JUL 2019

Alberto, aproveita a praia. relaxa.
TÔ RELAXADO.
MAX 2019

APARTAMENTO POR AQUI TÁ DIFÍCIL...
CLASSIFICADOS
IMÓVEIS
orlando

PONTA DE AREEEIA...
PONTO
FINAL...
DA BAHIA...
ESSA É AQUELA HORA QUE DESEJO A EXTINÇÃO DOS CORAIS...
JUL 2020

orlando

RINDO DO QUÊ?
NÃO TÔ RINDO.
JUL 2020

QUARENTENA
NÃO AGUENTO MAIS ESTE CONFINAMENTO...
VONTADE DE SAIR CORRENDO POR AÍ!
orlando JUL 20

ESTÁ CONTRATADO.
MAS EU NÃO SEI FAZER NADA!
POR ISSO FICO COM 80% DO SEU SALÁRIO!

SR. COISA, O SENHOR PRECISA PERDER MAIS PESO QUE ISSO.
orlando. NOV.21

NÃO DÁ PRA DAR DESCONTO, SENHORA.
orlando
out 21

ADORO NAMORAR MÚSICOS.
JUL 2019

MAS O QUE MAIS VOCÊ QUER DE MIM?
UM ABRAÇO?
AGO 2015

SUA COMIDA ESTÁ CAINDO TODA FORA DO PRATO, ALFREDO.
orlando JUN 21

DIZEM QUE, QUANDO A BARRIGA É PONTUDA ASSIM, É MENINO.
E NÃO É QUE ERA MENINO MESMO?
orlando. FEV 2017

FAZ UMA HORA QUE ELE TÁ ALI.
TÁ TREINANDO BOLA PARADA.

FALEI PRA ELA QUE A GENTE ESTAVA BRIGANDO DEMAIS.
E AÍ?
MAIS BRIGA.
orlando.

E AI?
O DE SEMPRE.
ESPERANDO ALGUM BUNDAO.
FEV 2017

O QUE VOCÊ GOSTARIA DE FAZER NA CAMA E NUNCA FEZ?
DORMIR DEZ HORAS SEGUIDAS.
orlando. ano 2016

ENQUANTO ISSO, OS CANIBAIS...
E AÍ, COMEU A TURISTINHA?
SÓ UMA VEZ

I SEE DEAD PEOPLE...
SO WHAT?
orlando
OUT 2011

ISSO, CHEFE,
TÔ DE CAMA...
orlando.
FEV
2017

DONALD, DEFINITIVAMENTE, NÃO SOU PARA SEU BICO.
Orlando JUN 2016

DUREZA, HEIN, COLEGA?
Orlando.

DEFINITIVAMENTE O SENHOR TEM PÉ CHATO...
VC PRECISA CORTAR A UNHA.
TÔ COM FRIO.
QUE PISO FEIO!
VAMOS EMBORA!
NÃO GOSTO DE MEIA BRANCA.
VC TÁ GORDO!
AGO 2017

orlando
2016

QUER NAMORAR COMIGO?
QUEM TÁ AÍ?
MAR 2014

FUTEBOL ARTE
UFA!
orlando.

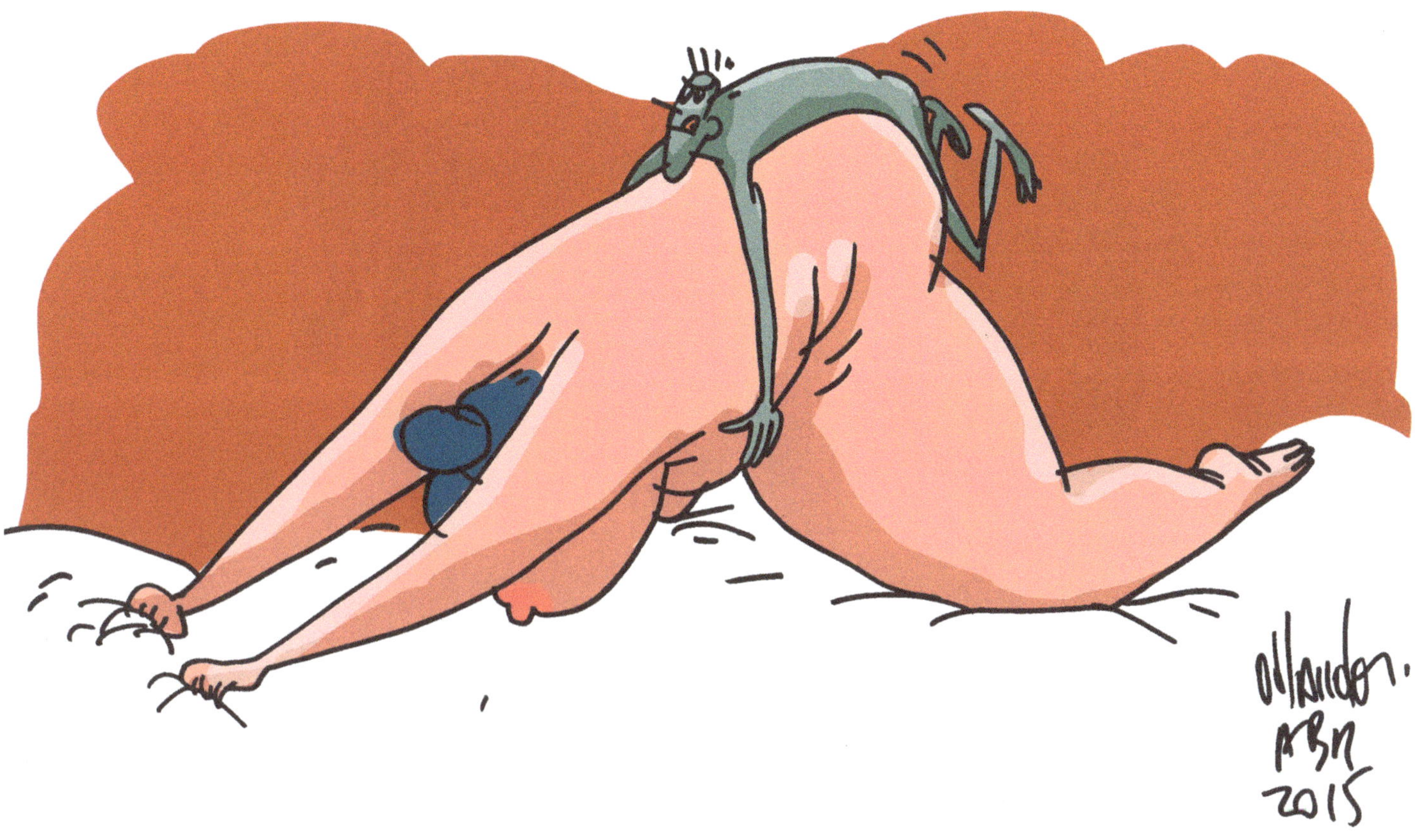

E O VENCEDOR É'....
O HOMEM
INVISÍVEL!!!
orlando.
FEV
2014

É MUITO SÉRIO, DOUTOR?
orlando.

VOCÊ É DEMAIS, JOANINHA!
EU SOU A ANINHA!
orlando MAR 22

# LIVRO PARA COLORIR AMIZADE

LOUCO DE NOVO?
AGOSTO, NÉ?
orlando. AGO 21

NÃO PODE SER HOJE?
TE LIGO AMANHÃ.
Orlando JAN 22

OLHAÍ! TÁ SENTINDO A MAROLA?

UMBERTOOOOOOO!!!
orlando.
FEV
2016

MÃ, O QUE QUER DIZER MOTHER FOCA?
Orlando
FEV 2014

ORLANDO PEDROSO

VOCÊ JÁ TOMOU VIAGRA?
NÃÃÃ... EU SOU PASSIVO.
OV.

GATA, VOCÊ É MESMO UM AVIÃO!
E POR ISSO PRECISA FICAR NO PILOTO AUTOMÁTICO, COMANDANTE?
orlando. FEV, 22

QÜÉ?
QÜÉRO!

NÃO DOO ÓRGÃOS, MAS EMPRESTO
SET 2017

ESTE RESTAURANTE É ÓTIMO!
SABIA QUE ESTARIA À SUA ALTURA.

SAI DESSE CORPO QUE NÃO TE PERTENCE...
orlando. ABR 2015

O QUE ME CATIVOU FOI SEU SORRISO.
orlando FEV22

TABLETS?
NINGUÉM MAIS LÊ JORNAL...
orlando. JUN 2014

TEMPO
LIVRE
olhando
Ago 21

PENSANDO EM INVESTIR NA XP.
OUVI FALAR QUE É SEGURO.
MAR 2019

MEU MARIDO É UM HOMEM DE NEGÓCIOS.
ALMOÇO DE NEGÓCIOS.
A TARDE TODA PROS NEGÓCIOS.
À NOITE, O NEGÓCIO DELE É DORMIR.
orlando.

AGORA É SÉRIO.
QUERO ME SEPARAR DE VOCÊ.
ABR22

SENTADO!
ROLA!
MORTO!
LATE!
MIAU!
orlando
AGO 22

DEUS, ESCUTA: ACABAR COM O MUNDO É UMA IDEIA DE JERICO.
TU SABE QUE NÃO CABE TODO MUNDO AQUI!
JVG 2017

NÃO DÁ PRA ENCHER O TANQUE.
NÃO DÁ PRA ENCHER O CARRINHO NO MERCADO.
NÃO DÁ PRA ENCHER A SACOLA NA FEIRA.
SÓ ENCHENDO A CARA MESMO.
TAMBÉM NÃO DÁ.

FAZ TEMPO QUE VOCÊ ESTÁ AQUI?

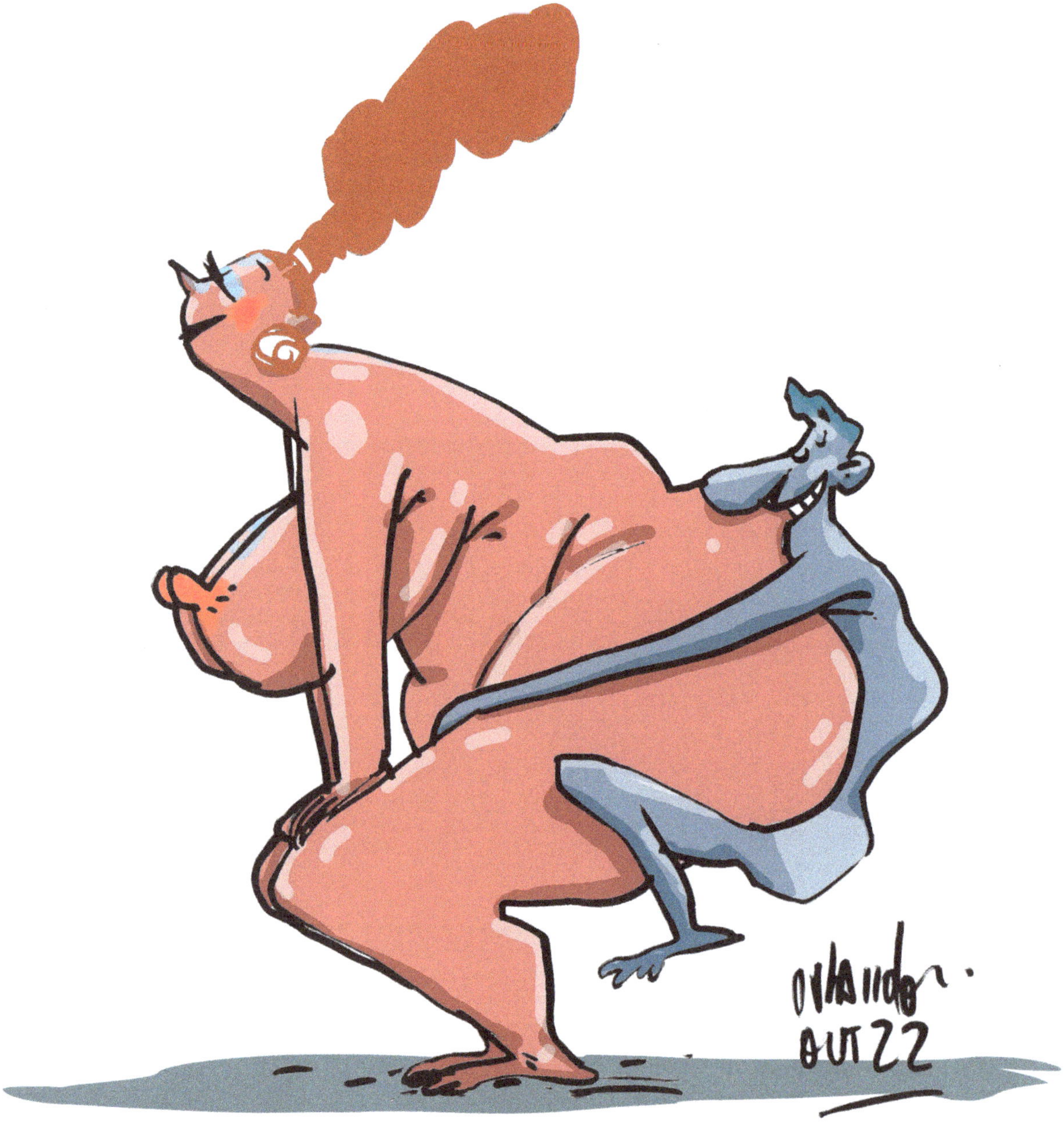
orlando.
out 22

SE VOCÊ NÃO FOSSE CASADO, TE COMIA.
PIOR, SOU BEM-CASADO.
orlando

OLÁ! SOU UM BIODESAGRADÁVEL. E VOCÊ?
orlando. SET 23

O CASAMENTO
DO DESENHO
DE PAUZINHO
ZÃO

DESCULPE. TENHO EJACULAÇÃO PRECOCE...
orlando' SET.23

MAS
QUE PALHAÇADA
E' ESSA?
Orlando, SET 23

VELHO, ESSE CIGARRO VAI ACABAR TE MATANDO...
orlando, mai 23

O SALVA-VIDAS
SAINDO
DO BANHO.
orlando.
JAN 23

orlandeli
FEV. 23

SALTO OU NÃO SALTO?
JUL23

BEM-VINDO, FILHO!
OI.
QUAL A SENHA DO WI-FI?
orlando. APR 21

E VOCÊ TOCA O QUÊ?
A VIDA NA FLAUTA.

TIRA SUA MÁSCARA!
VOCÊ PRIMEIRO.
KKK
orlando. JUN 21

orlando.
JAN 21

FICOU LINDO, MIGA!
DOIS LITROS E MEIO DE SILICONE.
orlando JUL 21

RINOTRIL DE NOVO?
PEDI RIVOTRIL!
DESCULPE, QUERIDA. ANDO MEIO DISPERSO MESMO...

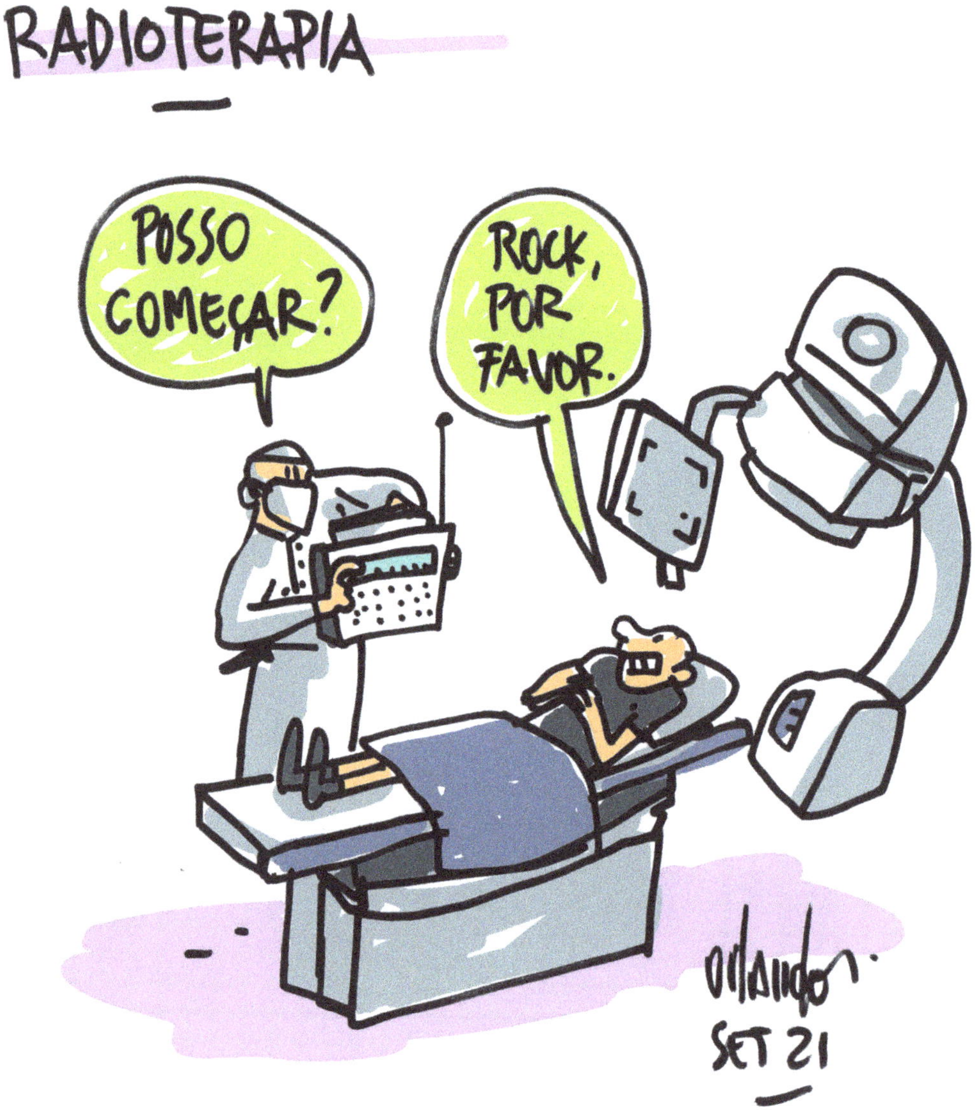
RADIOTERAPIA
POSSO COMEÇAR?
ROCK, POR FAVOR.
orlando.
SET 21

ISSO PERDEU MUITO A GRAÇA, NÉ?
orlando
MAI 21

MEIA, POR FAVOR.
BILHETERIA
Gilmar ABR 21

TÔ INDO PRO TRAMPO.
VAI COM DEUS, FILHO!
PARA DE ZICA, MÃE!
orlando MAR 21

NOME?
JOÃO.
orlando
AGO 23

ESQUECI MEU CELULAR NO CARRO.
CALMA. DE REPENTE A GENTE CONSEGUE CONVERSAR MESMO ASSIM.
ORLANDO. SET.23

HARMONIZAÇÃO FACIAL
GOSTOU?
SUA CARA.
JUL23

INCA
VENEZIANO
orlando
AGO 23

MA-CA-CO!

EI! EI! UM QUADRINHO PARA TRÁS, POR FAVOR?
orlando.

EM NOSSA EMPRESA MULHERES NÃO PODEM GANHAR MENOS DO QUE OS HOMENS!
JUSTO.
ENTÃO VAMOS DIMINUIR O SEU SALÁRIO.
orlando.

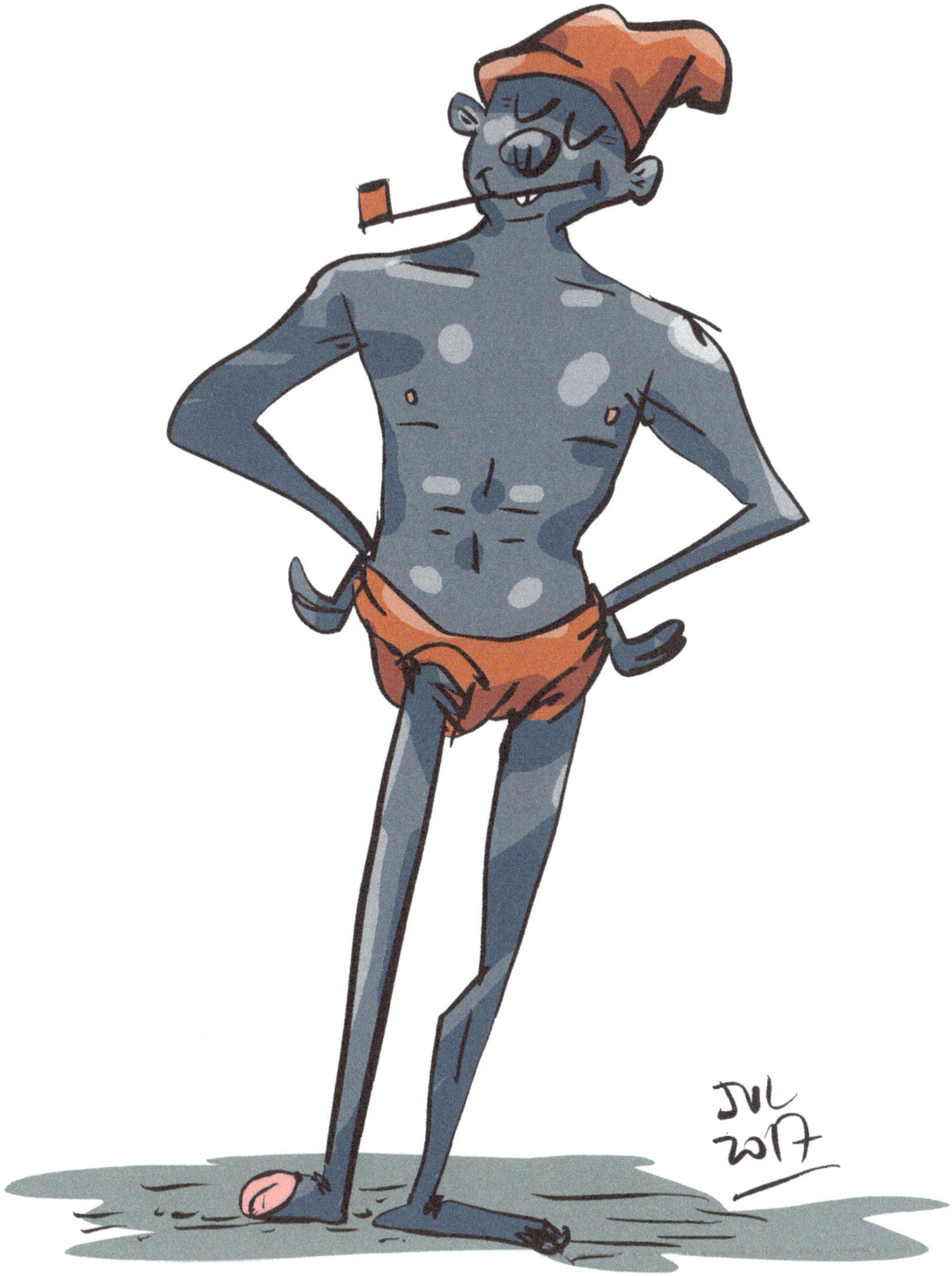
JVL
2017

NOFA! QUE FOI?
SAÍ DO ARMARIO
NOV 2017

E a vida segue.

Uma coisa que nunca deixei de fazer foi desenhar para mim, anotar ideias, encher cadernos, caderninhos e blocos com rabiscos e materiais diversos.

Boa parte desses desenhos viraram exposições e conteúdo para palestras e oficinas.

E aí tem a internet, essa casa que nos acolhe, não nos remunera, mas que não deixa de ser um espaço onde, em vez de pranchetas coladas e olho no olho, proporciona a troca entre artistas do mundo todo.

Insisto que likes não pagam contas, mas a rede abre portas e convivências afetivas bem interessantes.

Dá para acompanhar algum trabalho em desenvolvimento ou trabalhos antigos que alguém tinha na gaveta.

O fato é que o trabalho de artistas continua alimentando o próprio criador e a alimentar o trabalho de outros em outro lugar do planeta.

Por isso publicamos de graça. Pela troca.

É pouco? Sim e não. E nessa contradição vamos mantendo uma rotina de desenhar e criar todo santo dia, nunca esquecendo de anotar tudo.

As ideias são vingativas. Se você não der atenção a elas, fogem, te abandonam e vão procurar outros cadernos.

Fica a dica.

A REDAÇÃO ERA A ESCOLA.

NASCI EM SÃO PAULO, EM 1959. SOU AQUARIANO, PALMEIRENSE E PASSEI A FREQUENTAR REDAÇÕES DE JORNAIS DE BAIRRO E DE JORNAIS NANICOS A PARTIR DE 1978, SEM SABER NADA DE NADICA.

O QUE APRENDI, A DURAS PENAS, FOI COM OS GENEROSOS NOVOS COLEGAS - JORNALISTAS, DIAGRAMADORES, EDITORES, PESTAPES, FOTÓGRAFOS, DESENHISTAS NOVATOS E AQUELES QUE JÁ TINHAM OS DEDOS CALEJADOS PELOS LÁPIS, PELAS LAPISEIRAS E PELOS PINCÉIS.

A ELES, SOU ETERNAMENTE GRATO E, ÀS VEZES, ENVERGONHADO, POR NÃO TER APRENDIDO O QUANTO DEVERIA.

DE QUALQUER FORMA, ALUNOS E PROFESSORES APRENDIAM UNS COM OS OUTROS, E NÃO POSSO RECLAMAR DE NADA.

FUI ALUNO DOS MELHORES E MAIS GENEROSOS.

NESTE VOLUME I, UM APANHADO DE DESENHOS FEITOS, NA MAIORIA DAS VEZES, NO CORRE DO FECHAMENTO, QUANDO A GENTE RECEBIA UMA PAUTA, TINHA QUE LER, ENTENDER E FAZER UM DESENHO VAPT-VUPT, COISA QUE ADORO ATÉ HOJE.

AS PRANCHETAS LADO A LADO ERAM COMO AS CARTEIRAS DO PRIMÁRIO, E, SIM, UM COLAVA DO OUTRO.

ERA INFLUENCIADO E INFLUENCIAVA O COLEGA. MUITA TROCA DE IDEIAS, DE MATERIAIS, DE TÉCNICAS.

DE PROPÓSITO, MUITOS DESSES DESENHOS PUBLICADOS AQUI,NÃO ESCONDEM OS ERROS, AS DOBRAS QUE SOFRERAM, AS MANCHAS DO REVELADOR DE PMT, AS RUGAS E O MOFO DO TEMPO.